W0270931

Frauke Nahrgang

Florian fliegt ins Abenteuer

Mit Bildern von Sabine Kranz

ENSSLIN

1

Florian hat sich aus einer alten Kiste
ein Flugzeug gebaut.
Das kann vorwärts und rückwärts fliegen,
hoch und tief,
langsam und schnell.
Und es kann noch viel mehr.
Es ist nämlich ein echtes Super-Flugzeug.

Was trifft zu?
Florian hat das Flugzeug …

M ... im Kaufhaus gekauft.

A ... selbst gebaut.

Y ... in einer Höhle gefunden.

R ... zum Geburtstag bekommen.

2

Florian will sein Flugzeug gleich
ausprobieren.
Aber Papa darf davon nichts wissen.
Bestimmt findet er die Fliegerei
viel zu gefährlich.
Heimlich trägt Florian
das Flugzeug in den Garten.
Marie kommt herbeigelaufen.
„Was hast du da?“, fragt sie.

Wenn Papa von dem Flugzeug wüsste!
Was würde er dann wohl sagen?

3

Das will Florian ihr nicht verraten.
Sonst möchte Marie noch mitfliegen.
Dabei versteht sie gar nichts
vom Fliegen.
Schnell drückt Florian
auf den Startknopf.
Das Flugzeug hebt ab.
Na bitte, Marie ist er los!

Welches Bild ist zutreffend?

4

„Das ist ja toll!“,
ruft jemand.
Vor Schreck kippt Florian
fast aus dem Flugzeug.
Marie baumelt am Auspuff.
„Wie hast du das geschafft?“,
fragt Florian erstaunt.
„Hochsprung!“, sagt Marie stolz.
Stimmt, Marie ist sehr sportlich.
So ein Mist!

Wie hat Marie das geschafft?

5

Marie schwingt sich in die Kabine.
„Steig wieder aus!“, verlangt Florian.
Aber dafür sind sie schon zu hoch.
Florian ist stinkesauer.
Das ist ganz allein sein Super-Flugzeug.
Darin kann er niemanden gebrauchen.
Auch nicht Marie.

Was denkt Florian?
U
Gut, dass Marie da ist!
G
Endlich geht's los!
T
Die soll bloß abhauen!
E
Fliegen macht Spaß!

6

Marie kümmert sich nicht
um Florians schlechte Laune.
Von oben bewundert sie die Stadt.
Plötzlich ruft sie: „Da ist etwas los!"
Florian späht durchs Fernrohr.
Ach, du Schreck!
Ein Einbrecher!
Gerade schlägt er das Fenster
der Sparkasse ein.

Was entdeckt Florian durch sein Fernrohr?

7

Zum Glück hat Florian
ein Funkgerät an Bord.
Schnell gibt er der Polizei Bescheid.
Mit Blaulicht und Tatü-Tata
rasen die Polizeiautos heran.
Der Einbrecher sitzt in der Falle,
und die Polizei kann ihn verhaften.

Wer sagt der Polizei Bescheid?

8

„Gute Arbeit, Pilot!“, funkt ein Polizist. „Wie heißt du? Morgen soll etwas über dich in der Zeitung stehen.“
„Oh nein!“, flüstert Florian erschrocken.
Marie kichert. Sie schaltet das Funkgerät einfach ab und sagt vergnügt:
„Funkstörung!“

Warum will Florian nicht in der Zeitung stehen?

C Weil Zeitungen doof sind.

E Weil Papa dann alles erfährt.

V Weil Marie dann sauer ist.

9

Jetzt aber nichts wie weg!
Florian nimmt Kurs aufs Gebirge.
„Schneeberge!“,
ruft Marie begeistert.
Florian hat keine Zeit,
Ausschau zu halten.
Er programmiert den Bordcomputer.
Auf einmal schreit Marie:
„Achtung! Ein Adler!“

Was hat Marie entdeckt?

Was könnte sonst noch durch die Luft fliegen?

Male es dazu!

10

„Ein Adler? Unmöglich!“
Der Computer meldet keinen Adler.
Unbeirrt fliegt Florian weiter.
Da reißt Marie
das Höhenruder herum.
Das Flugzeug sackt ab,
und Florians Magen
schlägt einen Purzelbaum.
„Spinnst du?“, schimpft Florian.

Was sagt Florian?
Schreibe es in die
Sprechblase.

Unmöglich! I

Juhu! R

Okay! N

11

Im selben Augenblick rast
ein riesiger Adler
über das Flugzeug hinweg.
Ein Flügel streift Florians Nase.
Puh, das war knapp!
„Der Adler hatte Vorflug!“,
erklärt Marie.
„Vorflug, aha!“,
sagt Florian kleinlaut.

Was meint Marie?

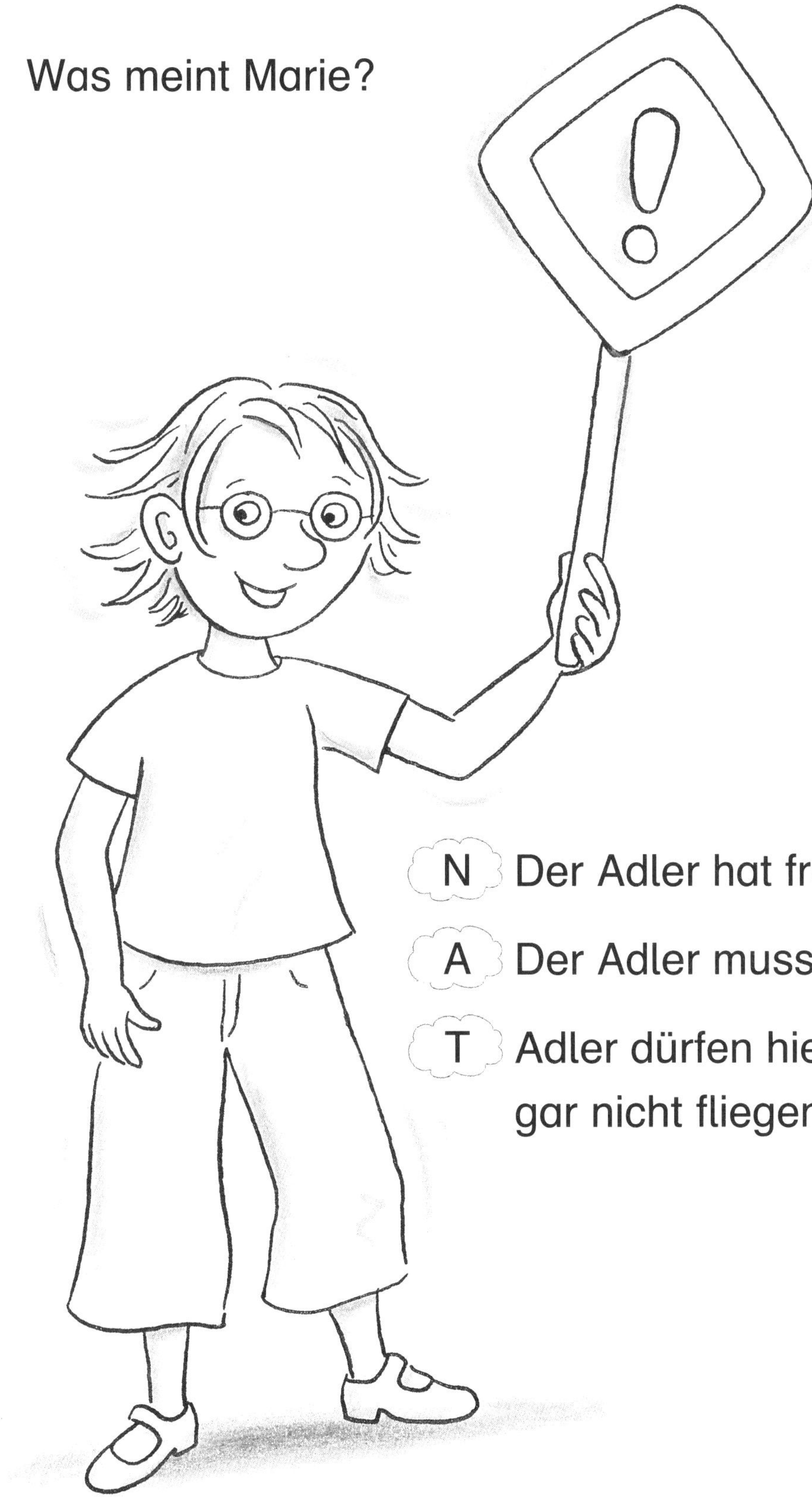

N Der Adler hat freie Bahn.

A Der Adler muss warten.

T Adler dürfen hier gar nicht fliegen.

12

Von den Bergen hat Florian genug.
Lieber fliegt er jetzt zum Meer.
Wie groß und blau das ist!
„Da, eine kleine Insel!“, ruft Florian.
„Vorsicht!“, warnt Marie,
„die sieht sehr komisch aus.“
Aber Florian möchte diese Insel
unbedingt erkunden.
Deshalb landet er.

Wo will Florian landen?

Male den richtigen Weg mit einem Buntstift nach!

13

Oje!
Die Insel ist gar keine Insel!
Es ist ein Haifisch beim Sonnenbad.
Das Flugzeug stört ihn.
Ärgerlich schnappt er nach dem Piloten.
Schon steckt Florian
zwischen den spitzen Zähnen.
Jetzt ist alles aus.

Was trifft zu?

Der Hai freut sich
über den Besuch.

Der Hai mag die Gäste
nicht besonders.

14

Marie schimpft mit dem Hai.
Vergeblich.
Da kitzelt sie ihn an der Flosse.
Das hilft!
Der Hai spuckt Florian wieder aus.
Die Piloten starten Hals über Kopf.
Florian schlottern die Knie.
Aber Marie sagt seelenruhig:
„Alle Haie sind kitzlig.“

Wie rettet Marie Florian?

(A) Sie küsst den Hai.

(T) Sie haut den Hai.

(R) Sie kitzelt den Hai.

(D) Sie füttert den Hai.

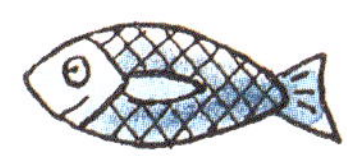

15

Genug Abenteuer für heute.
Florian fliegt wieder heim.
Er versteckt das Flugzeug im Garten.
Gerade noch rechtzeitig,
denn Papa schaut aus dem Fenster.
„Na, Florian, wo warst du?“,
fragt er.
Florian sucht fieberhaft
nach einer Ausrede.

Was stimmt?

O So ein Mist! Papa hat das Flugzeug entdeckt!

L Zum Glück hat Papa nichts gemerkt!

Entdeckst du Florians Flugzeug?

Da sagt Marie: „Wir sind
mit Florians Flugzeug herumgeflogen,
über der Stadt, in die Berge, sogar bis zum Meer.“
„Sei doch still!“,
flüstert Florian besorgt.
Zu spät,
Marie hat schon alles gepetzt.
Bestimmt fällt Papa vor Schreck
gleich in Ohnmacht.

Armer Papa?

Marie hat

J … ihn angelogen.

U … ihm alles erzählt.

V … ihm nichts verraten.

17

Aber Papa fällt nicht in Ohnmacht.
Er lacht und sagt:
„Du bist ja eine Märchen-Tante."
„Siehst du", flüstert Marie,
„die Wahrheit glauben Erwachsene nie."
Mann, ist die schlau!

Was meint Papa mit „Märchen-Tante“?

F Marie denkt sich Lügengeschichten aus.

Z Marie liest gern Märchen.

„Bis zu unserem nächsten Flug!“,
sagt Florian zum Abschied.
„Nimmst du mich denn
wieder mit?“, fragt Marie gespannt.
Natürlich!
So eine wie Marie kann man
überall gebrauchen.
Nicht nur in einem Super-Flugzeug.

Was antwortet Florian?

Zeichne dir selbst ein Super-Flugzeug.
Welche tollen Erfindungen baust du ein?

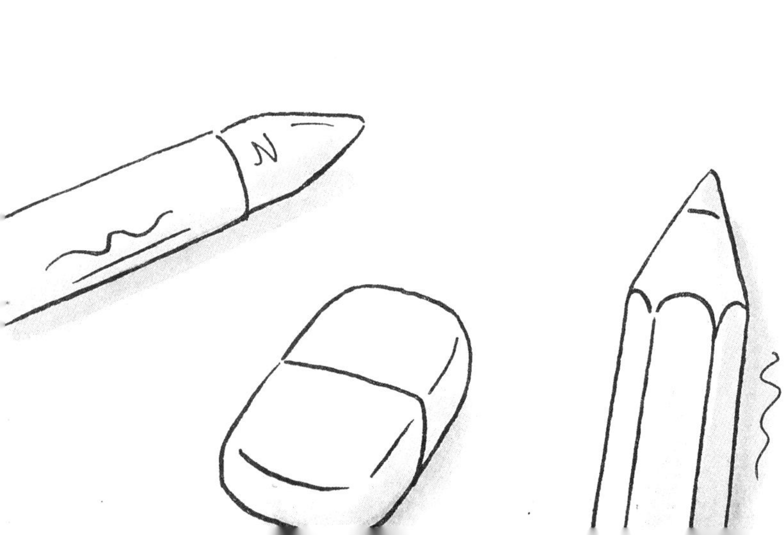

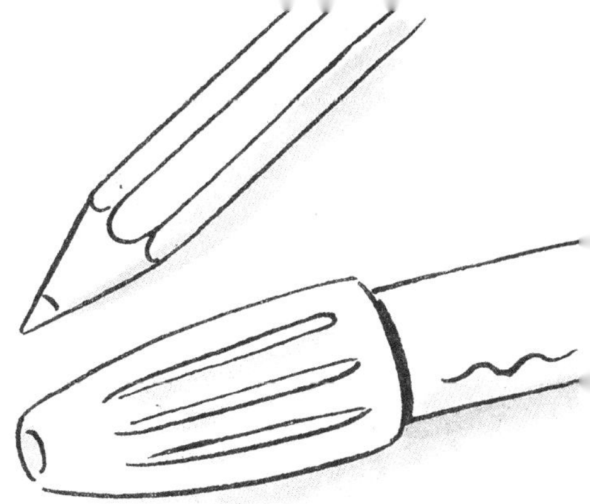

Hast du alle Aufgaben gelöst
und die richtigen Buchstaben
in die Kästchen
nebenan eingetragen?
Dann kannst du sie
mit der Lösung vergleichen.
Aber nicht schummeln!

In neuer Rechtschreibung

1. Auflage 2003

Ensslin-Anschrift: Harretstraße 6, 72800 Eningen
Umschlag- und Innenillustration: Sabine Kranz
Druck: Westermann Druck, Braunschweig
ISBN 3-401-41189-6

Löse das Rätsel
auf jeder Seite
und trage jeweils
den richtigen Buchstaben
nacheinander in die Kästchen ein:

1	2	3	4	5	6	7	8	9

10	11

12	13	14

15	16	17	18

Lösung:

ABENTEUER IN DER LUFT